ABÉLARD ET ALEXANDRE DE HALES

CRÉATEURS DE LA MÉTHODE SCOLASTIQUE

PAR

F. PICAVET

PARIS

ERNEST LEROUX, ÉDITEUR

28, RUE BONAPARTE, 28

—

1896

En sollicitant de nouveau votre suffrage, je vous dois compte de la façon dont j'ai rempli mon mandat.

Pendant ces quatre années, le Conseil Supérieur a été saisi de deux questions intéressant les Facultés des Lettres : la réforme de l'agrégation d'histoire, inaugurée par la création du diplôme d'études supérieures, et la réforme de la licence. Tout en faisant des réserves sur des points de détail, j'ai approuvé et soutenu ces deux projets dans leur ensemble. Ils ont ceci de commun qu'ils tendent à affranchir à la fois les élèves et les maîtres de l'enseignement supérieur. Que nos élèves soient encore à certains égards des écoliers, je ne songe pas à le nier, et je ne prétends pas qu'il faille les soustraire à toute tutelle. Mais quels que soient les inconvénients de ce que les Allemands appellent la *liberté académique,* j'estime que les avantages l'emportent. C'est pendant ces années de tâtonnement fécond que l'esprit se forme, que l'écolier devient homme et apprend à marcher sans lisières. Je trouve donc excellent qu'on ait donné plus de souplesse aux programmes, qu'on ait permis à l'étudiant de choisir entre des matières diverses, qu'on lui ait demandé de faire preuve d'initiative. Quant aux professeurs, qui pour la première fois ont été appelés à dresser la liste des auteurs à expliquer et celle des matières à option, leur liberté s'accroît en même temps que celle de leurs élèves. Ils n'ont plus à calquer leur enseignement sur des programmes auxquels ils n'avaient pas collaboré ; c'est l'examen au contraire qui tend à se modeler sur l'enseignement de la Faculté, puisque ce sont tous les cours, et non plus seulement quelques-uns, qui peuvent y être représentés.

N'aurait-on pas pu aller plus loin dans la voie de la liberté, et autoriser la scission facultative de la licence en deux séries, comme plusieurs Facultés l'avaient demandé lors de l'enquête qui a précédé la réforme ? On avait écarté cette proposition de peur de compliquer notre besogne et de surcharger l'examen, mais on a été amené à y revenir et à l'examiner très sérieusement, à l'occasion des réformes proposées dans le concours d'entrée de l'École Normale. Après de longues discussions dont les résultats nous ont été soumis au mois de décembre, on est généralement convenu que pour conserver à l'examen d'entrée son unité tout en le mettant en harmonie avec les changement survenus dans l'enseignement supérieur, le meilleur moyen était de scinder la licence en deux parties et de demander aux candidats à l'École d'avoir passé la première, qui aurait un caractère purement littéraire. On peut répondre, il est vrai, que ceci est l'affaire de l'École Normale, que son intérêt particulier est seul en jeu, et que nous n'avons pas à nous en inquiéter lorsque nous nous occupons de régler au mieux de l'intérêt général un examen d'enseignement supérieur. Mais, outre que ce qui touche l'École Normale ne peut laisser indifférents ceux que préoccupe le haut enseignement, je ne vois pas bien, pour mon compte, quels inconvénients sérieux pourrait présenter la scission facultative de la licence. Elle serait commode aux étudiants en philosophie, en histoire, et surtout aux étudiants en langues vivantes, qui auraient tout avantage à n'aller faire de séjour à l'étranger qu'après avoir terminé leur éducation purement classique, celle à laquelle correspondrait la première partie de l'examen scindé. Quant aux candidats à la licence littéraire, ceux qui veulent, pour la partie spéciale de leur examen, remplacer une des compositions par un mémoire composé à loisir, n'auraient-ils pas intérêt, après avoir subi les épreuves qui ont un caractère plus particulièrement scolaire, à avoir devant eux quelques mois qu'ils consacreraient à des études plus libres et à la composition de leur mémoire? N'y aurait-il pas là pour eux quelque chose d'analogue à ce qu'était jadis la seconde année de l'École Normale, la plus féconde, de l'avis de juges très compétents?

Le diplôme d'études supérieures d'histoire est né d'hier, et le nouveau système de licence n'a pas encore été appliqué. Il serait donc téméraire d'en préjuger les résultats. Ceux mêmes qui comme moi sont optimistes ne se dissimulent pas qu'il faudra se garder de certains écueils. Si une réglementation trop rigoureuse est contraire à l'essence même de l'enseignement supérieur, une grande liberté laissée à des étudiants peu expérimentés n'est pas sans périls. Ils peuvent être tentés de disperser leurs efforts, ou bien de réduire l'effort au minimum, en choisissant parmi les matières facultatives non pas celles qu'ils jugent les plus utiles, mais celles qu'ils présument devoir leur demander le moins de peine. Il appartiendra aux professeurs, qui sont aussi les examinateurs, de guider leurs étudiants, de les aider à mettre de la méthode dans leur travail, et, le jour venu, de tenir le niveau de l'examen assez haut pour décourager les fantaisies qui se masqueraient sous les noms d'initiative individuelle et d'indépendance scientifique.

Par cela même que l'examen nouveau est plus libre, moins rigoureusement scolaire que le précédent, il importe que la préparation antérieure, que l'éducation classique des candidats, soient plus fortes, Ce serait donc mal interpréter les intentions du Conseil Supérieur que de croire qu'en autorisant certaines catégories de candidats à remplacer la dissertation latine par un thème il a voulu faire une nouvelle brèche aux études latines. On a soutenu avec force devant le Conseil qu'un thème corrigé avec la sévérité nécessaire ne serait pas une épreuve moins difficile et moins efficace qu'une dissertation. Mais la vérité, c'est qu'une épreuve quelconque, dissertation ou thème, ne signifiera quelque chose que si elle correspond à une étude sérieuse et prolongée de la langue. Or cette étude, c'est surtout au Lycée qu'elle doit être faite; à la Faculté, il est trop tard. Nous avons donc été plusieurs à penser qu'il y avait des mesures réparatrices à prendre dans l'enseignement secondaire. L'expérience ayant prouvé que la suppression de la composition latine au baccalauréat avait amené en fait, sinon en droit, sa suppression dans la classe de rhétorique, nous avons déposé un vœu pour qu'une composition de thème latin soit ajoutée à celle de version latine dans la première partie de l'examen. Il nous a été répondu que ce vœu était mis à l'étude; je veux espérer qu'on ne nous en fera pas trop attendre la réalisation.

Nous ne pensions pas, en émettant ce vœu, que le baccalauréat fût à la veille d'être sinon supprimé, du moins transformé radicalement. Je n'ai pas à insister sur un projet qui est soumis aux Chambres, et qui ne viendra devant le Conseil, si la loi est votée, que pour le règlement des détails d'organisation. S'il ne s'agissait que de nous-mêmes et de notre intérêt immédiat, nous n'aurions qu'à nous réjouir d'être débarrassés d'un fardeau qui pèse quelquefois lourdement sur nous. Mais nous devons penser avant tout aux intérêts de l'enseignement public qui sont en jeu dans cette réforme, et, connaissant les difficultés du problème, il nous est permis d'être perplexes. L'idée de donner comme juges aux élèves leurs propres maîtres est séduisante en théorie; en pratique elle se heurte à tant d'objections graves, sans compter les passions et les préjugés, que, sans être trop sceptique, on peut réserver son approbation. Tant qu'on n'aura pas réformé les écoliers eux-mêmes, j'ai bien peur qu'un système d'examen quelconque n'expose à des mécomptes. Arrivera-t-on à élever le niveau de l'examen ? à éliminer le hasard et la fraude? Les études secondaires deviendront-elles à la fois plus sérieuses et plus désintéressées? Quand ces questions auront été résolues par l'expérience, nous pourrons juger ce que vaut le projet qui aura été adopté.

Il en est un autre sur lequel il m'est également difficile de garder le silence et de donner mon appréciation : c'est la réforme du Conseil Supérieur lui-même. Il est aussi délicat de louer que de critiquer une assemblée dont on a fait partie. Est-il vrai que le Conseil, composé à peu près entièrement d'universitaires, soit animé d'un esprit exclusif et routinier? J'aurais cru, pour ma part, que c'était le dernier reproche qu'on pût lui adresser. L'avenir dira si les remaniements annoncés sont ou non des perfectionnements. Tout ce que je me permets de souhaiter au nouveau Conseil, c'est que, dans sa fonction de tribunal d'appel, il reste fidèle aux traditions de justice et de libéralisme que ses devanciers lui ont léguées.

Le projet de loi sur les Universités a été un peu rejeté dans l'ombre par les nouveautés qu'on nous prépare. D'ailleurs, réduit à sa plus simple expression et ne faisant guère que sanctionner ce qui existe, il était difficile qu'il passionnât l'opinion. Je n'en désire pas moins vivement pour mon compte que le Sénat ratifie le vote de la Chambre et que ce nom d'Universités nous soit définitivement acquis. Mais pour que ce nom devienne une réalité vivante, pour que l'institution qu'on vient de baptiser grandisse et donne les résultats qu'on est en droit d'en attendre, il faudra encore bien du temps et des efforts; il n'est pas sûr que ceux qui sèment voient lever la récolte. Il eût été puéril de trop espérer ; car il était évident que nous serions le lendemain ce que nous étions la veille; mais il ne le serait pas moins de nous décourager et de ne pas voir que le sort de l'œuvre nouvelle est en partie dans ses mains. Il dépend de nous, non pas sans doute d'accroître soudainement le nombre de nos élèves, mais d'étendre peu à peu notre clientèle, et surtout d'intéresser à la prospérité de notre Université le public éclairé de la ville et de la région que nous habitons. L'État nous doit de faciliter notre travail, notamment en dotant plus largement nos bibliothèques, dont le budget est insuffisant. Il a été fait beaucoup à cet égard depuis vingt ans, mais en pareille matière il est naturel que les besoins grandissent avec les progrès. J'ajouterais, si je ne craignais de paraître mêler aux questions d'intérêt général des considérations d'intérêt privé, que l'État nous doit aussi d'encourager nos efforts en rendant l'organisation de l'avancement plus souple et cet avancement quelquefois moins lent. Il est inutile que j'insiste; tout le monde, l'administration comme le corps enseignant, doit savoir que j'ai trop raison.

Antoine BENOIST.

Toulouse, 11 avril 1896.

Toulouse, Imp. DOULADOURE-PRIVAT, rue St-Rome. — 4661

ABÉLARD ET ALEXANDRE DE HALES

CRÉATEURS DE LA MÉTHODE SCOLASTIQUE

La scolastique[1], au sens restreint du mot, désigne les recherches spéculatives du IXe au XVe siècle, où, à côté de quelques données scientifiques, dominent la philosophie et la théologie. Une première période, qui commence avec Alcuin[2], va jusqu'à la fin du XIIe siècle; théologiens et philosophes n'ont d'Aristote que l'*Organon* et ne l'ont même pas d'abord tout entier. La seconde part du XIIIe siècle : l'Occident possède alors, en traductions tout au moins, la Physique, la Métaphysique, les autres ouvrages d'Aristote et ceux de ses commentateurs les plus célèbres.

Sans doute, le XIIIe siècle a été l'époque la plus féconde, la plus riche par les sources où se désaltéraient ses penseurs aux ambitions synthétiques, et, par certains côtés, la plus originale de la scolastique. Mais la première période compte, pour ne citer que des noms hors de pair, Jean Scot, dont les doctrines ont jusqu'à nos jours alimenté les hérésies et même inspiré des orthodoxes; Gerbert, qui tente d'unir étroite-

---

1. *La Scolastique* (Revue internationale de l'Enseignement, 15 avril 1893).

2. Alcuin, fondateur de la scolastique en France et en Allemagne (Bibliothèque des Hautes Études, section des sciences religieuses, vol. 1).

ment lettres et sciences à la philosophie et à la théologie ;
saint Anselme, que le XIIIe siècle reproduit et que Descartes
n'a pas surpassé en métaphysique ; Jean de Salisbury, le
premier représentant de l'histoire de la philosophie depuis
l'antiquité. Et il y a succession ininterrompue des maîtres,
du IXe au XIIIe siècle ; il y a transmission des doctrines qui
s'enrichissent plus d'une fois de vues et de théories nouvelles,
de sorte que les grands scolastiques ont recueilli et continué
l'œuvre de leurs prédécesseurs, comme celle d'Aristote et de
ses disciples grecs, arabes et juifs. Il faut donc se demander
quels éléments la première période a fournis pour la consti-
tution de cette méthode, qui n'a pas cessé d'être employée du
XIIIe au XVIIIe siècle, et que l'Encyclique *Æterni Patris*
a récemment remise en honneur dans le monde catholique.

I

On a cité[1], parmi les ouvrages où elle se trouve en germe,
le *Liber Sententiarum Prosperi*, extrait de Prosper et de
saint Augustin, mais surtout les *Tres Libri Sententiarum*,
d'Isidore de Séville, formés de citations empruntées aux Pères
de l'Église. Ce dernier ouvrage constituerait un progrès considérable, en ce que la matière y est répartie en trois divisions, et que, sous chaque titre, il y a plusieurs sentences
d'auteurs différents. Isidore de Séville, serait resté, dit-on,
le modèle du genre jusqu'au temps où Abélard, par le *Sic et
Non*, fournit des cadres nouveaux plus commodes et moins
imparfaits.

1. *Denifle*, Die Sentenzen Abälards, und die Bearbeitungen seiner
Theologia vor Mitte des 12 Jarhrhunderts (*Arch. f. Litteratur und
Kirchengeschichte des Mittelalters*, I, p. 618 sqq. ; *Endres*, Ueber den
Ursprung und die Entwicklung der scholastischen Lehrmethode (*Ph.
Jahrbuch*, II, 1).

Mais dans ces compilations de Prosper et d'Isidore, il n'y a absolument rien de méthodique, et partant, comment les scolastiques y auraient-ils appris quelle voie il leur était le plus avantageux de suivre? Par contre, obligés d'enseigner le peu qu'ils savaient à des barbares dont l'intelligence était grossière et rude, de combattre sans cesse des hérétiques qui invoquaient l'Évangile et les Pères, ils s'efforcèrent d'être clairs dans leur enseignement et pressants dans leur argumentation. C'est chez eux qu'il faut étudier les commencements obscurs, qu'il faut relever les lents progrès par lesquels les clercs redeviendront peu à peu capables de saisir la pensée antique dans son ensemble, et de traiter les questions dont la solution importe à leurs contemporains. Déjà Alcuin, pour convaincre et instruire Charlemagne, procède, dans quelques-uns de ses livres, par questions, par objections et par réponses.

Le *De Universo*, de Raban Maur, contient des divisions et des énumérations dont la place est marquée dans la méthode future[1].

Mais c'est dans les discussions suscitées par les hérétiques qu'il faut surtout chercher les antécédents du *Sic et Non*. Et l'on sait combien il y eut d'hérésies au Moyen Age! Contre les Adoptianistes, Alcuin prouve l'humanité et la

---

1. Ainsi, pour le temps, dit-il, on compte de trois manières : selon l'autorité humaine (olympiades), selon l'autorité divine (le sabbat est le septième jour de la semaine), par autorité naturelle (année de 365 jours 1/4). A propos de théologie, il rapproche les diverses opinions des philosophes. Pour Pythagore, Dieu est formé de nombres et constitue : *animum in omnibus commeantem et lucidum;* Platon et les Platoniciens disent de lui : *Deum sine tempore incommutabilem, Deum curatorem et arbitrum et judicem, mundum incorporalem;* Cicéron : *mentem solutam;* Virgile : *spiritum et mentem.* Héraclite le compose de feu, Épicure d'atomes. Pour ce dernier, en outre, il est *otiosus et inexercitus.* — On pourrait dire que ces procédés ont été fréquemment employés par les anciens, mais pour les scolastiques, inventer n'est bien souvent, en toutes matières, que retrouver et comprendre.

divinité de J.-C. par des témoignages « empruntés aux quatre Évangiles ». Même méthode contre les Iconoclastes, au concile de Francfort, sous Charlemagne, à celui de Paris, sous Louis le Débonnaire, dans la lutte entre les deux pouvoirs, où les adversaires s'opposent des sentences de la Bible, de l'Évangile, des Pères et plus tard des lois romaines.

Caractéristique entre toutes est l'hérésie de Gottschalk, au temps de Charles le Chauve : « Il a extrait beaucoup de témoignages des œuvres de saint Augustin, sur lesquels il s'efforce d'appuyer sa doctrine de la double prédestination. » Aussi faut-il, écrit Raban Maur, « composer, pour combattre son erreur, un recueil de sentences prises aux Écritures et aux Pères (*e divinis Scripturis et de orthodoxorum Patrum sententiis aliquod opusculum conficere ad convincendum errorem*) ».

On juge Gottschalk : « Il peut réciter de mémoire, pendant tout un jour, des passages des Pères, et il a en main un ouvrage où il les a consignés. » Condamné, c'est seulement quand « ses forces sont épuisées, que sa main s'ouvre et le laisse tomber dans le feu ». Mais Gottschalk ne se soumet pas ; Raban Maur s'en rapporte « à l'érudition et à la santé d'Hincmar, pour réunir plus de témoignages ». Jean Scot lui-même qui voudrait, comme un moderne, se servir toujours et partout de la raison (*consulta ratione, rationibus*), rassemble des témoignages de saint Augustin, par lesquels il établit manifestement « qu'il n'y a qu'une seule prédestination et qu'elle n'a rapport qu'aux saints ». Loup de Ferrières craint-il d'être accusé d'hérésie, après s'être prononcé devant le roi en faveur de la double prédestination ? il adresse aussitôt à Charles le Chauve, un recueil de sentences des Pères favorables à cette opinion (*Collectaneum de tribus quæstionibus*).

Mais Jean Scot, en combattant l'hérétique Gottschalk, a accumulé les propositions erronées. Contre lui Ratramne invoque saint Augustin, Fulgence, saint Grégoire, Cassiodore et Isidore ; Prudence, dans le chapitre v du traité où il le combat (*Incipit collectio ex Patribus qua prima propositio de genuina prædestinatione probatur*), y joint saint Jérôme, Prosper, Bède et « divers autres écrivains orthodoxes ».

C'est de cette façon aussi que Paschase Radbert, abbé de Corbie, affirme dès 844, la présence réelle, dans l'écrit (*De Corpore et Sanguine Domini*) qu'il offre à Charles le Chauve. Quand, deux siècles plus tard, Bérenger reprend l'assertion contraire de Jean Scot, acceptée par tous au IXe siècle, Lanfranc écrira de lui, que toujours il a « rassemblé des témoignages contre la foi catholique (*semper contra fidem catholicam auctoritates collegisti*) ». Et autour de Bérenger, les disciples de Fulbert rappellent les anciens et les Écritures, pour l'engager à revenir au chemin « droit et battu que nous ont montré nos maîtres si saints, si sages, si catholiques ».

Ainsi, en faveur de leurs thèses opposées, hérétiques et orthodoxes prennent des sentences dans la Bible, l'Évangile et les Pères. Avaient-ils besoin pour cela d'imiter les apories d'Aristote[1] ? D'abord ils en connaissaient fort peu. Puis, ce qui est en jeu entre les adversaires, c'est la gloire de Dieu, l'existence de l'Église, leur salut éternel et celui de leur prochain. Que de raisons pour être diligent dans le choix des textes et dans l'examen des propositions contraires ! Enfin nous ne voyons pas de quelle autre méthode les scolastiques auraient pu se servir. Pour eux, la vérité est dans les Livres saints et chez les Pères. Dès lors, ne faut-il pas réunir, sur chaque question qu'on pose, les sentences qui l'expriment, comme celles qui condamnent l'erreur ? Dans le premier cas

---

1. « Die Aporien den Skolastikern als Vorbild der Disputatio pro et contra dienten. » *Zeller*, Die Ph. der Griechen, II, 2³, p. 244. C'est chez **Alexandre de Hales que nous rencontrerons l'influence d'Aristote.**

n'emploiera-t-on pas, pour ainsi dire, une argumentation
positive (*Pro, Sic*), et dans le second, une argumentation
négative (*Contra, Non*) ?

II

Quelle est donc la part d'Abélard dans la création de la
méthode scolastique ? D'abord le *Sic et Non* réunit les sentences opposées, dont les unes étaient auparavant relevées
par les orthodoxes et les autres par les hérétiques. Puis
Abélard eut l'intention d'en tirer une doctrine unique, et il
vit bien les difficultés de cette tâche. Dans les écrits des
saints, dit-il, il y a des propositions qui diffèrent et qui se
combattent. On leur attribue des ouvrages apocryphes, et
certains passages de leurs œuvres authentiques ont été
altérés par les sophistes. Les Pères se sont rétractés, comme
saint Augustin ; ils posent des questions que nous prenons
pour des affirmations ; ils imitent l'Écriture, en se confor-
mant aux idées communes, et appellent, par exemple,
Joseph, le père de J.-C. Donc il faut rapprocher soigneuse-
ment les différents sens d'un même mot ; il faut, si les contradictions sont trop manifestes, comparer les autorités et
faire un choix entre elles.

Par le *Sic et Non* [1], où il a rassemblé les sentences des

1. His autem prælibatis, placet, ut instituimus, diversa sanctorum
Patrum dicta colligere, quando nostræ occurrerint memoriæ, aliquam ex
dissonantia, quam habere videntur quæstionem contrahentia, quæ
teneros lectores ad maximam inquirendæ veritatis exercitium provocent
et acutiores ex inquisitione reddant. Hæc quippe prima sapientiæ clavis
definitur assidua scilicet seu frequens interrogatio, ad quam quidem toto
desiderio arripiendam philosophus ille omnium perspicacissimus Aristo-
teles in prædicamento ad aliquid studiosos adhortatur, dicens : Fortasse
autem difficile est de hujusmodi rebus confidenter declarare nisi per-
tractæ sint sæpe. Dubitare autem de singulis non erit inutile. Dubitando

Pères qui paraissent, sur une même question, présenter quelque dissonance, il veut exciter les jeunes lecteurs à chercher la vérité, il veut les rendre plus pénétrants par cette recherche même. Car l'inquisition est la clef de la sagesse, et Aristote, le plus perspicace des philosophes, l'a recommandée, comme le doute qui conduit au vrai. De même la Vérité nous dit : Cherchez et vous trouverez, frappez et l'on vous ouvrira. Et Jésus n'est-il pas venu s'asseoir au milieu des docteurs pour les interroger ?

Les 158 questions sur lesquelles Abélard rapporte le *Sic* et le *Non* ont un caractère essentiellement théologique, même quand le titre semble purement philosophique. Demande-t-il s'il faut croire ou non en Dieu seul, il s'agit uniquement de savoir si l'on doit suivre saint Pierre, saint Paul, c'est-à-dire l'Église comme les Livres saints. Cherche-t-il s'il y a ou non une substance, il ne parle que de Dieu et de la Trinité. De même c'est en théologien qu'il voit si rien ne se fait par hasard ; qu'il examine si la foi doit s'appuyer ou non sur des arguments humains. Saint Grégoire, saint Ambroise, saint Jérôme lui fournissent les propositions négatives, et il termine par Bède, dont la conclusion positive est toute théologique[1].

Le *Sic et Non* s'adressait aux débutants, *teneros lectores :* les questions n'étaient guère liées, non plus que les

enim ad inquisitionem venimus; inquirendo veritatem percipimus ; juxta quod et Veritas ipsa : Quærite, inquit, et invenietis, pulsate et aperietur vobis (*Matth.*, vii). Quæ nos etiam proprio exemplo moraliter instruens, circa duodecim ætatis suæ annum sedens et interrogans in medio doctorum inveniri voluit, potius discipuli formam per interrogationem exhibens, quam magistri per prædicationem, cum sit tamen in ipsa Dei plena ac perfecta sapientia.

1. « Duobus modis de spe et fide nostra rationem poscentibus reddere debemus, ut et justas spei ac fidei nostræ causas omnibus intimemus, sive fideliter, sive infideliter quærentibus, et ipsam fidei ac spei nostræ professionem illibatam semper teneamus etiam inter pressuras adversantium. »

sentences, placées « comme elles s'étaient offertes à sa
mémoire ». Et Abélard n'avait rien fait pour en résoudre
les contradictions, au moins apparentes. Pour ses auditeurs,
il composa l'*Introduction à la Théologie*, dont il voulait
faire une Somme de l'érudition sacrée (*sacræ eruditionis
Summam*). Le premier livre porte sur la foi catholique, le
second, sur la Trinité, le troisième sur la puissance et la
bonté de Dieu. Abélard se défend surtout d'avoir voulu
innover, et s'il s'écarte de la pensée ou de l'expression catholique, il sera toujours prêt à corriger ou à effacer ce qu'il
aura dit, dès qu'un fidèle le redressera par la puissance de
la raison ou par l'autorité de l'Écriture.

Pour tout son enseignement, Abélard avait procédé
comme pour la théologie. Ce qu'était le *Sic et Non* pour les
jeunes théologiens, un ouvrage aujourd'hui perdu (*in his
Introductionibus..... quas tenerorum dialecticorum erudi-
tionem conscripsimus*) devait l'être pour les jeunes dialec-
ticiens. A la *Somme de l'érudition sacrée* correspondait la
Somme de dialectique, où il s'était proposé de réunir les
doctrines des sept ouvrages qu'il connaissait (*quorum
omnium Summam nostræ Dialecticæ plenissime concludet
et in lucem usumque legentium ponet*). Chacun, disait-il,
y trouvera ce qui est nécessaire à l'enseignement et, à peu
près encore comme pour la théologie, il annonçait l'intention
de corriger les erreurs de quelques-uns, de concilier les
dissidences schismatiques des contemporains, de résoudre
les difficultés des modernes.

Ainsi Abélard recueille des sentences avant Pierre le
Lombard, et le premier avant les hommes du XIIIe siècle, il
compose des Sommes de dialectique et de théologie, qui, par
elles-mêmes et par les ouvrages dont elles sont la suite et le
complément, doivent guider les maîtres et leurs élèves.
Même, à première vue, on pourrait croire qu'il a créé définitivement la méthode scolastique. Nul en effet n'a, plus que
ce prétendu rationaliste, fait appel à l'autorité. « Il est plus

sûr, dit-il après saint Augustin, surtout dans les choses qui
ont rapport à Dieu, d'user de l'autorité que du jugement
humain[1]. » Or ses autorités, ce sont, comme pour tous les
théologiens, la Bible, le Nouveau Testament, les Prophètes
et les Pères. Mais ce sont aussi les hommes que la philosophie a conduits à connaître l'existence de Dieu, et dont il
se sert pour réfuter, avant saint Thomas, les gentils, comme
il use des prophètes pour réfuter les Juifs. Et tous, Hermès,
Platon et les Platoniciens, Pythagore et Cicéron, Varron et
Sénèque, bien d'autres dont il recueille les affirmations
chez les Pères plus que chez les auteurs profanes, viennent
témoigner en faveur des doctrines chrétiennes, telles que les
entend Abélard.

Après les philosophes, la Sibylle[2], qui a prédit la divinité
et l'humanité du Verbe, l'une et l'autre venue, l'un et
l'autre jugement. Puis Virgile et les poètes, Horace, Lucain
et même Ovide, etc.

Ne semble-t-il pas qu'Abélard ait employé les autorités
profanes, comme les autorités sacrées, à l'exposition des doctrines théologiques, et que, de leur opposition ou de leur
rapprochement, il ait fait jaillir la lumière sur les points
obscurs ou naître la certitude sur les questions contestées?
Ne semble-t-il pas qu'aux hommes du XIIIe siècle il ne res-
tait d'autre tâche que d'élargir les cadres par lui formés,
pour y faire entrer tout ce qui leur vint alors des Grecs, des
Arabes et des Juifs?

Rien cependant de moins exact. Abélard sait établir une
hiérarchie entre les autorités sacrées : Prophètes et Pères
viennent après la Bible et le Nouveau Testament. Il classe
de même les philosophes : d'abord Hermès, Platon qui,

1. Beato attestante Augustino, in omnibus auctoritatem humanæ
anteponi rationi convenit, maxime autem in his quæ ad Deum perti-
nent, tutius auctoritate quam humano nitimur judicio.

2. « Ut vero ne aliquis sexus inter homines sapientiæ fama cæteris
præstantes fidei nostræ testimoniis desit. »

selon les Pères, a le plus approché de la foi chrétienne, et qu'il suivrait, de préférence à Aristote moins ancien, s'il possédait ses œuvres ; puis Aristote, qui passe avant Porphyre et Boèce, etc. La valeur des poètes est déterminée par la place qu'ils occupent dans la chronologie, telle que la conçoit Abélard.

Ainsi tout ce qui est écrit (*scriptum*) constitue pour lui, comme pour beaucoup d'autres, une autorité. En fait, les clercs, concentrant toutes leurs ressources, espéraient guider plus aisément les nombreux partisans de la force brutale, comme autrefois Panétius et ses compatriotes, établis à Rome, soutenaient l'accord des penseurs grecs, pour faire accepter plus aisément les doctrines philosophiques à leurs farouches vainqueurs. Mais Abélard met sur le même rang les autorités sacrées et les autorités profanes. Dieu, dit-il moins clairement, mais aussi expressément que Roger Bacon, s'est révélé aux philosophes. Peut-être Platon a-t-il vu Jérémie en Égypte, ou a-t-il lu les Écritures dans ses voyages, et certes les abeilles qui couvraient ses lèvres de miel présageaient que Dieu lui révélerait un jour sa doctrine. Et si Dieu a fait parler l'ânesse de Balaam, n'a-t-il pu inspirer la Sibylle et Virgile ? Abélard rapproche donc ce que Platon et Hermès disent de Dieu, de ce qu'en disent saint Jean, saint Augustin, saint Hilaire, etc.; il s'appuie également sur Aristote et sur Jésus. Dans Virgile, il trouve l'Incarnation et la Trinité. Et pour se défendre d'avoir fait appel aux philosophes, il invoque, après saint Jérôme et saint Paul, Horace, Lucain et Ovide !

On comprend l'indignation des chrétiens sévères contre celui qui établissait une égalité impie entre Aristote et Jésus, entre Cicéron, Priscien ou la Sibylle et saint Paul ou saint Augustin[1]. Rien d'étonnant, certes, qu'ils l'aient accusé

---

1. Qu'on se rappelle Héloïse récitant des vers de Lucain au moment de prendre le voile et de prononcer ses vœux !

« d'avoir soumis les Écritures aux philosophes et d'avoir
souillé la théologie chrétienne ». Peut-être de plus indulgents,
se souvenant que le Seigneur avait ordonné aux Hébreux
d'emporter les vases précieux qu'ils avaient empruntés aux
Égyptiens, lui auraient-ils pardonné, et même su gré, d'avoir
fait témoigner les plus illustres des païens en faveur du chris-
tianisme. Mais l'Église avait condamné plusieurs des propositions théologiques d'Abélard ; il n'avait donc pas ramené
à l'unité les assertions opposées du *Sic et Non*. Ce livre, aux
yeux des hommes clairvoyants, devenait, privé ainsi de son
complément nécessaire, dangereux pour la foi, puisqu'il pré-
parait des armes aux hérétiques ; les philosophes et les poètes
leur apparaissaient bien plus comme des fauteurs d'hérésies,
tels que l'avaient été déjà Jean Scot, Bérenger, Roscelin et
Vilgard, que comme des commentateurs propres à éclairer
les obscurités des Écritures et des Pères. Pour toutes ces
raisons, Abélard n'avait pas atteint le but qu'il avait clairement aperçu, et il n'était pas sûr, pour un théologien, d'argu-
menter après lui, *pro* et *contra,* surtout de s'appuyer sur les
autorités profanes à l'égal des autorités sacrées. Et pour un
philosophe, la Dialectique était une Somme incomplète[1],
puisque Abélard ne connaissait ni la Physique, ni la Métaphysique, ni même les Analytiques et les Topiques ; tout à
fait insuffisante, car les difficultés n'y étaient pas plus résolues que les oppositions n'y étaient conciliées.

III

Les disciples d'Abélard, dit Denifle, firent connaître sa
méthode dans tous les pays. En ce sens, scolastiques et même

---

1. Abélard dit lui-même qu'il y a réuni deux ouvrages d'Aristote, les
Catégories et l'Interprétation ; un de Porphyre, l'Isagoge ; quatre de Boèce,
les Divisions, les Topiques, les Syllogismes hypothétiques et catégoriques.

juristes sont des continuateurs, dont la plupart pratiquent,
pour une fin orthodoxe, les procédés qu'avait mis en usage
le condamné de Soissons et de Sens.

Voici d'abord la *Summa Sententiarum*[1] de Hugues de
Saint-Victor, mort en 1141. C'est une rédaction abrégée de
son grand ouvrage sur les sacrements (*De Sacramentis chris-
tianæ fidei*). La raison humaine est insuffisante sans la révé-
lation, et les philosophes « qui ne croyaient que ce que prouve
la raison humaine » ne sauraient être sauvés. Si la définition
cicéronienne de l'amitié est reproduite, comme chez Abélard,
Platon n'est cité que pour être critiqué, quoique en plus d'un
endroit on reconnaisse des doctrines qui ont chez lui leur
origine. A Jean Scot et à Bérenger, il fait dédaigneusement
allusion sans même les nommer[2].

Puis c'est Robert Pulleyn, mort en 1150, avec ses
Sententiarum libri octo; Robert de Melun et les *Quæstiones
de divina pagina* ou *Summa theologiæ*, surtout Pierre le
Lombard, mort en 1164 évêque de Paris, dont les *Sententiarum libri quatuor*[3] furent lus, commentés dans les écoles

1. Des sept livres, six seulement, dit-on, appartiennent à Hugues : le
1ᵉʳ traite de la Trinité; le 2ᵉ des anges; le 3ᵉ de l'homme; le 4ᵉ des sacrements; le 5ᵉ du baptême; le 6ᵉ de la confirmation, de l'eucharistie, de
l'extrême-onction. — Le premier livre comprend les chapitres suivants :
1 de fide; 2 de spe et charitate; 3 de fide antiquorum; 4 de quibus cons-
tet fides; 5 de spiritu creato, utrum sit localis; 6 de distinctione Trinitatis; 7 de nominibus personas Trinitatis distinguentibus; 8 de æquali
tate Patris et Filii et Spiritus sancti; 9 quod de sancta Trinitate nihil
dicatur secundum accidens; 10 de diversa nominum acceptione; 11 de
personarum appropriatis; 12 de prescientia et prædestinatione; 13 de
voluntate Dei; 14 de omnipotentia Dei; 15 de fide incarnationis; 16 quod
Christus simul animam et carnem assumpserit; 17 quod Christus omnia
infirma nostra præter peccatum susceperit; 18 an Christus sit creatura?
19 an in morte Christi separata fuerit divinitas ab humanitate.

2. « *Quidam* ausi sunt dicere in altari non esse veritatem corporis
Christi, sed solum sacramentum et rem ipsam. »

3. Voici le développement de la Distinctio IIIᵃ, quomodo per creaturam
poterit cognosci Creator? 1 Deus se revelavit illis scilicet, dum fecit

pendant toute la seconde période, et parfois placés, si nous en croyons Roger Bacon, avant la Bible elle-même. Dieu, le bien absolu dont nous jouissons, les créatures dont nous usons, l'Incarnation, les Sacrements en forment les quatre divisions. Chacune comprend des *Distinctiones*, partagées en un certain nombre de paragraphes et terminées par un *Epilogus* qui résume les résultats obtenus.

opera (Apôtre). 2 Prima ratio vel modus quomodo potuit cognosci Deus (Saint Ambroise). 3 secunda ratio qua potuit cognosci, vel modus quo not verunt (Saint Augustin). 4 tertia ratio vel modus. 5 Quartus modus vel ratio. 6 Quomodo in creaturis apparet vestigium Trinitatis. 7 Quomodo in anima sit imago Trinitatis (S. August.). 8 Quomodo æqualia sint, quia capiuntur a singulis omnia et tota (S. Aug.). 9 Quomodo tota illa tria memoria capiat. 10 Quomodo tota illa tria capiat intelligentia et (11) voluntas (S. Aug.). 12 Ex quo sensu illa tria dicuntur esse unum et una essentia quæritur. 13 Quod etiam ad se invicem dicuntur relative (S. Aug.). 14 Hic aperitur quod supra quærebatur, scilicet quomodo hæc tria dicantur unum (S. Aug.). 15 Quod in illa similitudine est dissimilitudo (S. Aug.). 16 Prima dissimilitudo (S. Aug.). 17 Altera dissimilitudo (S. Aug.). 18 Alia, assignatio Trinitatis in anima, scilicet mens, notitia, amor. 19 Quia mens vice Patris, notitia Filii, amor Spiritus sancti accipitur (S. Aug.). 20 Quod non est minor mente notitia, nec amor utroque (S. Aug.). 21 Quod hæc tria in seipsis sunt (S. Aug.). 22 Quomodo mens per ista proficit ad intelligendum Deum. 23 Hic de summa Trinitatis unitate.

Voici l'Epilogus de la Distinctio Prima : Omnium igitur quæ dicta sunt ex quo de rebus specialiter tractavimus, hæc summa est. Quod aliæ sunt quibus fruendum est, aliæ quibus utendum est, aliæ quæ fruuntur et utuntur, et inter eas quibus utendum est, etiam quædam sunt per quas fruimur, ut virtutes et potentiæ animi, quæ sunt naturalia bona. De quibus omnibus antequam de signis tractemus, agendum est, ac primum de rebus quibus fruendum est, scilicet de sancta atque individua Trinitate. — L'auteur avait traité dans les 8 paragraphes qui précédaient cet Epilogus : 1 de rebus communiter; 2 des choses dont on jouit, dont on use, dont on jouit et use ; 3 autre différence entre frui et uti; 4 determinatio eorum quæ videntur contraria; 5 alia determinatio; 6 utrum hominibus sit utendum vel fruendum; 7 hic quæritur an Deus fruatur an utatur nobis; 8 utrum utendum an fruendum sit virtutibus.

Enfin avec Pierre de Poitiers, disciple de Pierre le Lombard et chancelier de l'Université de Paris, dont nous avons aussi des *Sentences,* nous arrivons au XIIIe siècle.

IV

Il n'y a pas de raison pour renoncer alors à la méthode d'autorité. Traduits en latin, Aristote tout entier, Arabes et Juifs, astronomes et géomètres, médecins et alchimistes agrandissent à tel point le domaine intellectuel des scolastiques que, pour eux, la vérité est toute trouvée et qu'il n'y a plus qu'à l'en extraire[1]. Assez considérable et assez méritoire sera le rôle de la raison, si elle parvient à faire un choix entre toutes ces richesses, pour les concilier avec la doctrine chrétienne. L'œuvre est immense et la méthode devra gagner singulièrement en ampleur, en certitude, en rigueur.

A qui revient l'honneur d'avoir ainsi complété et presque transformé la méthode d'Abélard et de ses successeurs ? D'ordinaire on se prononce pour Albert le Grand et surtout pour saint Thomas[2]. Mais elle existe, sous sa forme la plus

1. Il faut mettre à part les mystiques, qui continuent la tradition néo-platonicienne et saint Anselme, comme Roger Bacon et ceux qui préparent plus directement la philosophie et la science modernes.

2. Sans compter les néo-thomistes qui, le plus souvent, ne se posent même pas la question, M. Hauréau, dont l'autorité est grande en cette matière, a écrit (*Hist. de la Scolastique,* II, 1, p. 235) : « La manière d'Albert le Grand ne ressemble guère à celle des docteurs qui sont venus avant lui... Non seulement il reconnaît, il avoue les difficultés que les questions lui présentent, mais après avoir déclaré comment il faut les résoudre, il revient sur les solutions par lui-même proposées, pour y faire des objections qu'il discute séparément. Cette discussion achevée, il se demande si d'autres objections ne se trouveraient pas ailleurs. Il s'adresse donc alors aux interprètes, les interroge tous, arabes, latins ou

complète et la plus exacte, dans la Somme de théologie
d'Alexandre de Hales, antérieur à l'un et à l'autre.

La Somme est divisée en *questions*. La première partie en
compte soixante-quatorze, qui portent sur Dieu, son essence,
ses attributs, et sur la Trinité. Chaque question comporte
une sorte de préambule, où elle est séparée en plusieurs
membres. A son tour, le *membre* est parfois partagé en
articles. Tout membre indivisé et tout article donnent des
arguments négatifs, placés les uns à la suite des autres, qui
se terminent par la même conclusion, et des arguments
positifs disposés de même. De ces arguments, les uns sont
des enthymèmes, avec majeure et conclusion (*ergo*), les
autres, des syllogismes avec majeure, mineure (*sed, atqui,
vero*), des épichérèmes où sont prouvées la majeure, la
mineure, même l'une et l'autre (*quia, enim*); enfin des
polysyllogismes. Les prémisses viennent des Écritures, des
Pères, des philosophes; quelquefois, ce sont des assertions
rationnelles.

En certains cas, les arguments sont suivis immédiatement
d'une conclusion qui résume ceux pour lesquels se prononce
l'auteur (*quod concedendum est*). Et il ne lui reste alors
qu'à répondre à chacun des autres (*ad argumenta solutio,*

---

grecs, et n'hésite pas à se prononcer contre eux, c'est-à-dire contre l'autorité, lorsqu'elle lui paraît en défaut. Cette méthode sera désormais
celle de nos docteurs scolastiques. Elle était encore en faveur au
XVII° siècle, quand Descartes vint proposer la sienne. » On ne saurait
nier qu'Albert le Grand et saint Thomas aient pratiqué cette méthode.
Mais nous montrerons, qu'avant eux, Alexandre de Hales en avait fait
usage et partant doit en être considéré, après Abélard, comme le véritable créateur. C'est ce qu'ont affirmé d'ailleurs, sans l'établir, des
auteurs dont le témoignage est d'un grand poids. M. Paul Janet (*Histoire de la Science politique*, I², p. 360, sqq.) dit : « Selon la méthode
scolastique, l'auteur démontre d'abord le pour, puis le contre, et enfin il
donne son opinion... Pour avoir l'opinion précise d'un scolastique, il ne
faut la chercher ni dans le *Sic* ni dans le *Non;* il faut surtout interroger le corps de la discussion, cette partie qu'Alexandre de Hales appelle

ad primum argumentum, ad secundum, etc.). Dans d'autres cas, après les arguments (*pro* et *contra*), vient la solution ou réponse à la question (*solutio sive responsio quæstionis*), précédée parfois de quelques remarques préliminaires (*prænotandum*), complétée par une note (*nota, notandum*), et suivie de la réfutation des arguments négatifs qui comporte, pour certains d'entre eux, objection et réponse. Enfin il arrive qu'une conclusion finale résume et complète la réponse à la question.

Ainsi la première question a pour titre *de theologia doctrina*. Selon Boèce, il faut procéder avec la raison (*rationabiliter*), dans les choses naturelles; par enseignement (*disciplinabiliter*), dans les mathématiques; intellectuellement (*intellectualiter*) dans les choses divines. On se demandera si la théologie est une science, si elle se distingue des autres sciences, quel en est l'objet et comment elle nous est transmise (*Préambule avec division en quatre membres*).

Dans le premier membre, on cherche si la théologie est une science. Quatre arguments conduisent à une seule et même conclusion négative. 1. La théologie est en grande partie historique (saint Augustin). Donc (*ergo*), elle rentre dans les choses qui sont saisies actuellement par l'intelli-

---

resolutio et saint Thomas *responsio*. C'est en quelque sorte le jugement rendu après plaidoiries. » Pour M. Paul Janet, Alexandre pratique donc, avant saint Thomas, la méthode scolastique. M. Jourdain, l'historien et l'admirateur de saint Thomas, écrit (*Dict. ph.*, art. *Alexandre*) : « Dans sa Somme de Théologie, il donne le premier exemple de cette méthode rigoureuse et subtile, imitée depuis par la plupart des docteurs scolastiques; il distingue toutes les faces d'une même question, expose sur chaque point les arguments contraires, choisit entre l'affirmative et la négative, soit d'après un texte, soit d'après une distinction nouvelle, en ramenant le tout, autant que faire se peut, à la forme du syllogisme. » Endres, qui a consacré un travail considérable à la Psychologie d'Alexandre (*Philosophisches Jarhbuch*, I, 1, 2. 3), dont il fait grand éloge, n'a pas traité de sa méthode, et il ne l'a pas cité dans l'article que nous avons rappelé en commençant notre exposition.

gence. Mais (*sed*) de ces choses, il n'y a pas de science. Car. (*enim*) la science porte sur les intelligibles. Il reste donc (*relinquetur ergo*) que la théologie n'est pas une science (*polysyllogisme et épichérème*).

2. Comme le dit le *Philosophe* au début de la Métaphy-. sique, l'expérience porte sur le singulier ; la science, sur l'universel. Or la théologie traite, non des universaux, mais des individus, comme le montre la narration historique. Il reste donc (*relinquetur ergo*) qu'elle est un art et non une science.

3. De la vérité, il y a une forme triple : l'opinion (*opinabilia*), la foi (*credibilia*), la science (*scibilia*). Or la théologie a rapport à la foi (*Joh.*, xx : Hæc scripta sunt ut *credatis*). Donc la théologie n'est pas une science.

4. La théologie n'engendre que la foi (saint Augustin). Or la foi est au-dessus de l'opinion, au-dessous de la science. Donc la théologie n'est pas une science.

D'arguments positifs (*in oppositum*), Alexandre en donne deux : 1. On connaît plus sûrement par l'inspiration divine que par le raisonnement humain, parce que, dans l'inspiration, il ne peut y avoir de fausseté, tandis qu'il y en a souvent avec la raison. Or la théologie est fondée sur l'inspiration divine. Donc, plus que toutes les autres connaissances, elle est une science. 2. La théologie est la science qui porte sur les choses relatives au salut de l'homme. Donc elle est une science.

Dans la réponse à la question, Alexandre fait cette remarque préliminaire (*prænotandum*) qu'il y a science de la cause et science de l'effet; que la première est par elle-même (*sui gratia*), tandis que la seconde dépend de la première. Or la théologie, science de Dieu, cause des causes, est par elle-même. C'est pourquoi Aristote et le Deutéronome l'appellent la « sapience ». Puis Alexandre ajoute (*notandum*) que la théologie parfait l'âme, en la conduisant, par de bons principes, vers ce qu'elle doit aimer et craindre (*ad bonum timoris et amoris*); qu'elle doit donc surtout (*proprie et principaliter*) être dite sapience, tandis que la philosophie première, la théologie des philosophes, achève seulement la connaissance selon la voie de l'art et du raisonnement, et n'est dite sapience que d'une façon relative.

Nous arrivons aux réfutations des arguments négatifs. 1. L'histoire, dans l'Écriture, ne relate pas les actes individuels, mais les actes universels et les conditions particulières qui instruisent les hommes, et les amènent à contempler les divins mystères; la passion d'Abel signifie celle du Christ et des justes, la malice de Caïn la perversité des méchants. Donc il y a, de la théologie qui introduit un fait singulier pour signifier l'universel, intelligence et science. 2. L'universel se dit *in prædicando, in exemplando, in significando, in creando*. Aux trois premiers sens, on le trouve dans l'Écriture. Surtout elle ramène tout à Dieu, cause universelle de la réparation des hommes (4ᵉ sens) et ainsi elle porte sur les choses universelles. 3. Saint Augustin distingue : *a*, ce que l'on croit toujours et ce qu'on saisit actuellement par l'intelligence, comme l'histoire; *b*, ce qui est compris pour être cru, comme les mathématiques; *c*, ce qui est cru d'abord pour être compris ensuite, comme les choses religieuses. Donc il n'y a aucune contradiction (*non repugnat*) à ce que la théologie relève de la foi (*esse credibilium*) et de la science. 4. La théologie engendre la foi, et la foi, changeant le cœur, donne naissance à l'intelligence (*intellectum*) et à la science. Mais, dira-t-on (*objection*), toute science porte sur un sujet dont elle considère les parties et les passions en soi, comme l'indique le *Philosophe*. Or, selon Boèce, Dieu n'est pas sujet et ne peut être considéré à la façon d'une passion. Donc la théologie, qui est la connaissance de Dieu, n'est pas une science. Mais ce n'est pas la même chose (*réponse*) de connaître les formes attachées à la matière et celles qui en sont séparées. C'est par les choses créées que l'intellect saisit ce qui, en Dieu, est invisible. Autre chose est, en outre, la connaissance des composés et celle des simples, comme Dieu.

Dans le second membre : la théologie est-elle distincte des autres sciences et comment s'en distingue-t-elle, le premier des arguments négatifs est un enthymème. Toute sagesse vient de Dieu, donc toute sagesse ou science est théologie et divine. Les cinq arguments positifs précèdent une conclusion. — « La théologie n'est pas comptée parmi les autres sciences, de manière à être subordonnée à une partie de la philosophie, » — après laquelle vient la réponse aux arguments négatifs.

Dans le troisième membre, disposé comme le premier, Alexandre détermine l'objet (*de quo*) de la théologie, en faisant la synthèse des opinions qui y voient, l'une, les œuvres de condition ou de création, l'autre, les œuvres de restauration : « C'est, dit-il, la science de la substance divine, qu'il faut connaître par les œuvres de réparation. »

Le quatrième, — *de modo traditionis hujus scientiæ,* — compte cinq articles, traités chacun comme le premier et le troisième membre. 1 *S'agit-il d'une méthode technique ou scientifique?* L'Écriture ne relève pas de l'art ou de la science, selon la compréhension humaine, mais, par une disposition de la sagesse divine, elle informe l'âme pour ce qui a rapport au salut. 2 *La théologie a-t-elle plus de certitude que les autres sciences?* La certitude est spéculative, expérimentale, intellectuelle et affective. La certitude de la théologie est plus grande que celle de l'expérience et du sentiment. 3 *La méthode de la théologie est-elle uniforme ou multiforme?* Elle est multiforme. 4 *Quelles en sont les formes multiples?* Avec la réponse au 1er argument de Hugues de Saint-Victor, Alexandre donne la solution : La théologie est triple dans l'unité ; une dans la lettre (*histoire*), triple par l'esprit ; *anagogique,* elle conduit au premier principe, *allégorique,* elle développe les arcanes de la vérité, *tropologique* ou *morale,* elle a rapport à la bonté suprême.

Et Alexandre explique (*nota*) que Hugues, pour qui l'Écriture porte sur les œuvres de réparation, ne voit que les trois sens relatifs à l'effet, tandis que Bède y joint les œuvres de création et l'*anagogique,* relative à la cause. 5 *Le sens littéral est-il établi sur la vérité?* La réponse précède les arguments. Alexandre distingue la vérité relative, à la signification des mots (*histoire*), des choses (*paraboles*), aux ressemblances et aux différences (*mystique*).

L'article et la question tout entière se terminent par une conclusion qui résume celle-ci et prépare les suivantes.

S'il s'agissait de marquer la place d'Alexandre de Hales, dans le XIIIe siècle, on montrerait sans peine, par l'analyse complète de la Somme, qu'il a utilisé l'œuvre de ses prédécesseurs, depuis saint Augustin, Boèce, Bède, Raban Maur jusqu'à saint Anselme et Hugues de Saint-Victor ; qu'il connaît Aristote, celui de la première et celui de la seconde période, auquel il attribue même le livre des Causes; qu'il a lu Avicenne et peut-être Averroès; qu'il s'inspire de Platon et des philosophes grecs ou latins, dont le XIIIe siècle a eu une connaissance plus ou moins complète. De même on établirait qu'il a donné plus d'une solution originale, reproduite par saint Thomas et ses successeurs, voire par nos contemporains. [Mais nous n'avons à nous occuper que de la méthode. Or, il est manifeste qu'il lui a donné la forme sous laquelle elle sera désormais pratiquée par les scolastiques. Aux divisions inaugurées par les hérétiques et les orthodoxes, systématisées par Abélard et conservées par les auteurs de *Sentences* et de *Sommes*, il a assuré l'ampleur et la précision. Par l'emploi du syllogisme, dont les Analytiques lui avaient montré le maniement, elle a acquis rigueur et exactitude. En prenant ses prémisses chez les philosophes comme dans la Bible, l'Évangile et les Pères, en les demandant à la raison comme à l'autorité, Alexandre a fait voir comment on pouvait, de toutes mains, travailler à l'augmentation du savoir et réaliser la synthèse des matériaux de pro-

venance si diverse, en possession desquels venait d'entrer le
XIIIe siècle. Et cette entreprise considérable, dont il a vu,
mieux encore qu'Abélard, le but et la portée, non seulement
il l'a réalisée, mais de plus il est resté orthodoxe et en a
ainsi, du même coup, rendu le succès certain. Soixante-
douze théologiens, dit Wadding, chargés par Alexandre IV
d'examiner la Somme, la recommandèrent, comme un livre
parfait, à tous les professeurs. Comment donc ne verrait-on
pas, dans le premier maître des Franciscains, le créateur de la
méthode scolastique qu'Abélard avait esquissée et à laquelle
il donna toute la perfection dont elle était devenue suscep-
tible au XIIIe siècle?

Mais, dira-t-on, comment ne lui a-t-on pas rendu plus tôt
justice, et pourquoi ne lui a-t-on pas accordé la place qu'il
mérite parmi les grands scolastiques? Il ne suffit pas, pour
répondre à cette question, de rappeler que Roger Bacon en
a parlé avec dédain ; car Roger Bacon fut peu lu et encore
moins suivi au moyen âge, même par les Franciscains. Et
d'ailleurs il a plus mal traité encore Albert le Grand et saint
Thomas. Le véritable motif, c'est que, de bonne heure, les
Dominicains cessèrent de consulter Albert le Grand, à plus
forte raison Alexandre de Hales, pour s'attacher étroitement
à saint Thomas. Pour leur opposer un saint de leur ordre,
les Franciscains choisirent leur général Bonaventure. Puis
quand ils songèrent à lutter contre les thomistes, ils eurent
Duns Scot. Nul d'entre eux ne se réclama d'Alexandre de
Hales. Quant à l'Université, également hostile dès l'origine
aux Dominicains et aux Franciscains, elle ne lut guère,
quand elle consentit à leur faire une place, que saint Thomas
et Duns Scot. Alexandre fut par tous ignoré comme Roger
Bacon, et personne ne pensa à lui restituer ce qu'on trouvait
chez ses successeurs.

Et pourtant il est manifeste que la méthode scolastique
n'offre chez saint Thomas rien qui ne soit déjà chez
Alexandre. La *Summa theologica* est divisée en *questions,*

celles-ci en *articles*. La première question, par son titre, *de ipsa scientia theologica*, et par ses dix articles[1], rappelle Alexandre de Hales. L'argumentation plus concise, mais moins variée, est au fond identique. La question, posée dans l'article, est divisée (*decem quœruntur*) et suivie de la formule, *ad primum* (ou *tertium* ou *sextum*) *sic proceditur*.

Puis viennent les arguments négatifs: *Videtur quod non*, avec leurs numéros, et les arguments positifs: *Sed contra*. Ensuite la réponse (*Respondeo dicendum*), avec les raisons qui infirment l'argumentation négative (*Ad primum, ad secundum ergo dicendum*), enfin la conclusion.

Et pour montrer que les divisions proposées ne sont pas restées la propriété exclusive de la théologie, rappelons qu'aujourd'hui encore nos manuels de philosophie se demandent si la logique est un art ou une science, si la philosophie est une science, en quoi elle se distingue des autres sciences, quel en est l'objet et quelle en est la méthode[2]. Et les mêmes questions sont posées à propos de la psychologie.

Donc si Abélard, mettant à profit les recherches de ses prédécesseurs, a créé la méthode dont se sont servis les auteurs des *Sentences* et des *Sommes* du XIIe siècle, Alexandre de Hales, s'inspirant d'Aristote comme des théologiens et des philosophes antérieurs, a été le véritable créateur de la méthode, employée par saint Thomas et ses successeurs jusqu'au XIXe siècle, utilisée en partie encore par des philosophes contemporains, qui ne se réclament pas du thomisme.

1. Utrum præter alias scientias doctrina theologica sit necessaria. 2 Utrum sit scientia. 3 Utrum sit una scientia, vel plures. 4 Utrum speculativa vel practica. 5 Utrum sit dignior aliis scientiis. 6 Utrum sit sapientia. 7 Quid sit subjectum ejus. 8 Utrum sit argumentativa. 9 Utrum uti debeat metaphoricis vel symbolicis locutionibus. 10 Utrum sit secundum plures sensus exponenda.

2. Voyez en particulier le *Manuel de philosophie* de M. Paul Janet. On pourrait instituer une comparaison analogue pour ce qui concerne la connaissance, l'existence, l'essence et les attributs de Dieu.

CHALON-SUR-SAÔNE, IMP. FRANÇAISE ET ORIENTALE DE L. MARCEAU